Bei der Schweizer Bindung bleibt der Buchrücken sichtbar.
Der Einband wird nur hinten mit dem
Buchblock verklebt. Das ist kein Herstellungsfehler!

Ungestrichenes Papier oder Offsetpapier hat eine matte,
raue Oberfläche. Im Gegensatz zum glänzenden gestrichenen
Papier, auf das eine strukturierte Beschichtung aufgetragen wird,
ist unge… porös und saugt die Tinte auf.

BÜCHER-MENSCHEN

WIE EIN BUCH ENTSTEHT

Die Schriftgröße bezeichnet die Größe der Schrift im Fließtext.
In diesem Buch ist er in Schriftgröße **9 pt** gedruckt.

Dieses Papier hat eine Grammatur von **170 g/m²**.
Ein Quadratmeter wiegt also 170 Gramm.
Je niedriger das Gewicht, desto dünner und
leichter faltbar ist das Papier.

PRESTEL

MÜNCHEN · LONDON · NEW YORK

INHALT

Liebe Leserinnen und Leser,

ich weiß nicht, wo oder wie ihr dieses Buch entdeckt habt: Habt ihr es geschenkt bekommen? Oder auf einem Tisch in einer Buchhandlung gefunden? Oder vielleicht in eurer örtlichen Bibliothek ausgeliehen? Wie auch immer: Ich bin froh, dass es in eure Hände gelangt ist. Denn ein Buch, das niemand liest, ist wie eine Schildkröte ohne Panzer. Es ergibt überhaupt keinen Sinn!

Um ehrlich zu sein, wollte ich ursprünglich über etwas ganz anderes schreiben, aber meine Lektorin hat mich davon überzeugt, mir die spannenden Vorgänge hinter den Kulissen der Verlagswelt genauer anzuschauen. Dabei habe ich schnell gemerkt, dass es bei der Entstehung eines Buches vor allem um eins geht: Teamarbeit!

Ihr werdet hier also eine ganze Menge Dinge erfahren, die mit BÜCHERN zu tun haben und mit den Menschen, die Bücher machen.

Für meine Recherche habe ich keine Wege und Mühen gescheut: Ich war im Atelier einer Illustratorin, in Buchhandlungen und Bibliotheken, habe Gestaltern und Druckern über die Schulter gesehen und mich sogar in einige streng vertrauliche Meetings geschlichen – nur um euch die Geheimnisse der außergewöhnlichen Berufe rund ums Büchermachen zu enthüllen.

Willkommen in der Welt der Bücher!

Euer Autor

Der Autor

Am Anfang eines Buches steht immer der Autor oder die Autorin. Wenn von Autoren oder Schriftstellerinnen die Rede ist, denken wir meist zuerst an Verfasser großer Romane. Dabei gibt es viele verschiedene Arten von Büchern – Romane sind nur ein kleiner Teil der breiten Palette. Bei allen Unterschieden im Inhalt haben sie eins gemeinsam: Alle Bücher bestehen aus miteinander verbundenen Seiten und riechen nach Druckerschwärze. Und was haben ein Comic, ein Schulbuch und ein Reiseführer noch gemeinsam? Alle wurden von einem Autor oder einer Autorin verfasst. Sie nehmen uns mit in ihre Welt, indem sie Geschichten erfinden oder Wissen vermitteln. Beim Lesen sehen wir die Welt durch die Augen des Autors.

Schild-kröten A-Z
SCHILDKRÖTEN FÜR DUMMIES
ENZYKLOPÄDIE DER SCHILD-KRÖTEN
ATLAS DER SCHILD-KRÖTEN
DIE SEYCHELLEN-RIESEN-SCHILDKRÖTE

Wie entsteht die Idee für ein Buch?

Die Idee für ein Buch kann das Ergebnis jahrelanger Arbeit sein, oder sie kommt ganz plötzlich und zufällig daher. Die englische Schriftstellerin Mary Shelley schuf Frankensteins Monster, nachdem es ihr im Traum erschienen war. Die Idee zu Harry Potter kam Joanne K. Rowling während einer Zugfahrt von London nach Manchester.

Die Manuskripte großer Autorinnen und Autoren sagen viel über ihre Arbeitsweise aus. Die Manuskripte von Marcel Proust enthielten unzählige durchgestrichene und unterstrichene Sätze und umgeschriebene Absätze am Seitenrand. Wenn die Passagen zu lang waren, schrieb er sie auf Zettel, die er in sein Notizbuch einklebte.

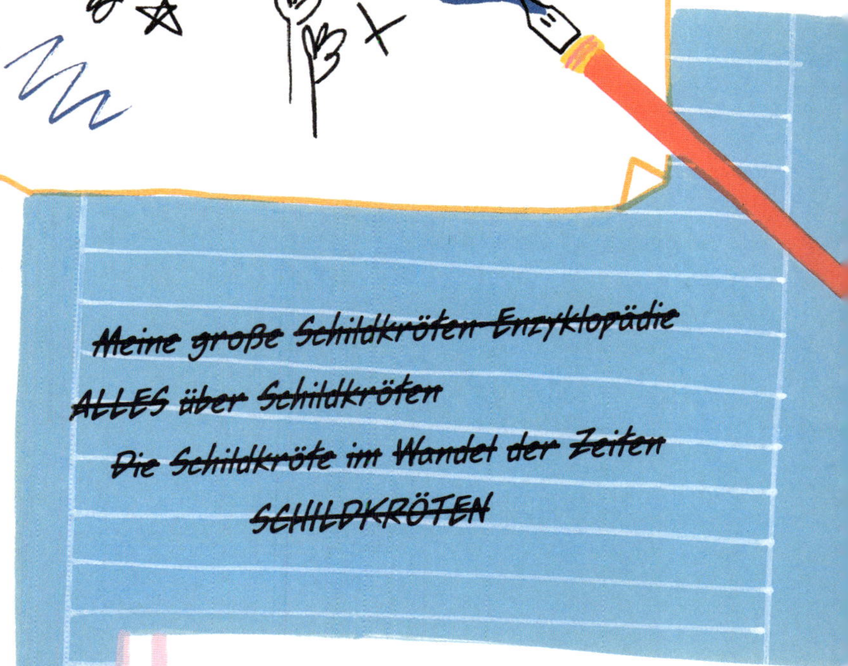

Der Name auf dem Umschlag eines Buches ist nicht immer der Name der Person, die es geschrieben hat. Manche Schriftsteller veröffentlichen unter Pseudonym, um ihr Privatleben zu schützen. Wer hinter dem Namen Elena Ferrante steckt, weiß niemand. Kurt Tucholsky schrieb als Peter Panter und Theobald Tiger. Früher mussten sich viele Autorinnen hinter Männernamen verstecken, damit ihre Bücher überhaupt veröffentlicht wurden.

Manchmal können Manuskripte verschwinden. Im Dezember 1966 zog der französische Autor Georges Perec in eine neue Wohnung. Beim Aufräumen warf er seine Papiere in zwei Kartons – in einen kamen seine neuen Manuskripte, in den anderen das Altpapier. Leider verwechselte er die Kartons, und so ging sein Roman *Der Condottiere* verloren! Aber wie durch ein Wunder tauchte das Manuskript 1982, zehn Jahre nach seinem Tod, wieder auf und wurde 2012 doch noch veröffentlicht.

Viele Meisterwerke des 20. Jahrhunderts wurden auf der Schreibmaschine geschrieben. Die Anordnung der Buchstaben auf der Tastatur war die gleiche wie heute am Laptop. Sie ergab sich dadurch, dass die am häufigsten benutzten einen möglichst großen Abstand zueinander haben mussten, damit die Druckhämmer nicht verklemmten.

Ein Buch ist ein gemeinschaftliches Projekt, und das Schreiben ist nicht immer die erste Phase.

Die ursprüngliche Idee für ein Buch kann auch von einem Herausgeber stammen, der dann den Autor beauftragt. Bei illustrierten Büchern entstehen manchmal erst die Bilder und dann der Text.

Heutzutage wird der erste Entwurf eines Buches meistens auf einem Computer getippt. Je nachdem, aus welchem Land der Autor kommt, unterscheiden sich die Tastaturen. Die spanische Tastatur umfasst zum Beispiel ein zweites n mit Tilde *(ñ)* sowie ein umgekehrtes Ausrufezeichen *(¡)*, die dänische Tastatur enthält *æ, å* und *ø*. Die japanische Tastatur hat phonetische Zeichen, also Zeichen für verschiedene Laute: Die Software wandelt die eingegebenen Lautfolgen automatisch um in Kanji, die komplexen japanischen Schriftzeichen.

Pop-up-Bücher werden oft von Papierkünstlern entworfen, die schon ein Modell des Buches fertiggestellt haben, bevor überhaupt ein Autor mitwirkt.

Wer bezahlt den Autor?
Meistens erhält der Autor einen Anteil vom Verkaufspreis des Buches. Wenn es zum Beispiel für 20 Euro netto verkauft wird, bekommt der Autor davon ungefähr 8 Prozent, also 1,60 Euro pro verkauftem Exemplar. Sein Stück vom Kuchen ist also nicht besonders groß! Der Rest fließt in den Druck, den Vertrieb und an alle anderen, die an der Entstehung und am Verkauf des Buches beteiligt sind. Der Verlag zahlt dem Autor in der Regel einen Vorschuss, den er unabhängig davon behalten darf, wie viele Exemplare verkauft werden. Vom Schreiben leben können aber tatsächlich nur sehr wenige.

Schreiben ist oft eine einsame Tätigkeit, aber nicht immer! Der russische Autor Fjodor Dostojewski zum Beispiel diktierte seine Romane einer Stenografin, die seine Texte auf der Schreibmaschine abtippte.

Der französische Schriftsteller Boris Vian besprach seine Ideen für neue Bücher immer zuerst mit seiner Frau Michelle Léglise. Sie war selbst Übersetzerin und Dichterin und spielte bei der Entstehung seiner Romane eine wichtige Rolle.

Hallo und herzlichen Dank für Ihr Manuskript. Schildkröten sind leider kein sehr beliebtes Thema, außerdem haben wir erst letztes Jahr ein Buch von Ihnen dazu veröffentlicht. Vielleicht könnten Sie stattdessen über etwas anderes schreiben, das Ihnen am Herzen liegt, zum Beispiel ...
OKTOBER
To Do

Die Lektorin

Jeden Tag schicken zahlreiche Autorinnen und Autoren Manuskripte an Verlage in der Hoffnung, dass ihres gedruckt wird. Aber nur ein ganz kleiner Teil findet den Weg in die Buchhandlung. Wenn eine Lektorin ein Manuskript interessant findet, muss sie noch eine Menge bedenken. Neben ihrer Intuition und Erfahrung braucht sie ein Gespür für den Buchmarkt, um die Erfolgschancen einzuschätzen. Zu ihren Aufgaben gehört es auch, neue Talente zu entdecken, ob Autorinnen oder Illustratoren. Wenn sie von einem Projekt überzeugt ist und ein Manuskript angenommen wurde, kann es noch lange nicht veröffentlicht werden. Erst wird der Text zusammen mit dem Autor überarbeitet oder übersetzt (wenn er in einer Fremdsprache verfasst ist), eventuell auch illustriert und schließlich Korrektur gelesen. Als Nächstes werden Layout, Format und Papier ausgesucht. Die Lektorin arbeitet also eng mit mehreren Fachleuten zusammen, bis das Buch dem Vertriebsteam vorgelegt wird, das sich um den Verkauf kümmert.

Laut statistischem Bundesamt gibt es in Deutschland rund 3 000 Buchverlage, und nur 60 große Verlagshäuser teilen sich 80 Prozent vom Umsatz, der mit Büchern gemacht wird. Es gibt aber auch zahlreiche kleine, unabhängige Verlage, die oft auf ein bestimmtes Sachgebiet oder Genre spezialisiert sind.

Ob es um den Stil, die Handlung, das Personal oder den Erzählfluss geht: Manchmal wird ein Text im Austausch zwischen Autor und Lektorat noch ganz entscheidend überarbeitet. Gordon Lish, der Lektor des US-amerikanischen Schriftstellers Raymond Carver, kürzte gegen den Willen des Autors dessen Texte so drastisch, dass sie einen ganz trockenen, rohen und minimalistischen Stil bekamen – genau jenen, für den Carver schließlich berühmt wurde!

Neben Lektorinnen und Lektoren gibt es noch viele weitere Berufe in einem Verlag: Lektoratsassistenten, Gestalterinnen, Korrektoren, Volontärinnen, die Herstellungsabteilung, die Verlagsleitung, die Werbe- und Marketingabteilung, den Vertrieb, die Presseabteilung, die Abteilung für ausländische Lizenzen und Übersetzungen, die Buchhaltung ... Alle tragen ihren Teil dazu bei, dass ein Buch erfolgreich wird.

DENK PO-SITIV!

Zahnarzt
Dienstag
13:30 Uhr

Papiermuster anfordern!

Diese Übersicht hier links ist der sogenannte Seitenaufriss: ein wichtiger Schritt zwischen Manuskript und gedrucktem Buch. Der Aufriss des Layouts zeigt, wo Text und Illustrationen im Buch platziert werden sollen. Das hilft dem Lektorat abzuschätzen, wie viele Seiten das Buch später haben wird.

Wenn ein Buch im Ausland veröffentlicht werden soll, beauftragt der Verlag einen Übersetzer, der den Text in die andere Sprache überträgt. Dazu braucht man Fantasie und sprachliches Geschick. Dass es sich dabei um eine schöpferische Arbeit handelt, zeigt sich darin, dass Literaturübersetzer das Urheberrecht an ihrer Übersetzung haben – genau wie die Autoren am Ursprungstext. Manchmal gibt es mehrere Übersetzungen von einem Buch mit unterschiedlichen Titeln. Der englische Roman *Persuasion* von Jane Austen erschien auf Deutsch nacheinander unter fünf verschiedenen Titeln: *Anna. Ein Familiengemälde, Anne Elliot, Die Liebe der Anne Elliot, Überredung* und *Anne Elliot oder die Kraft der Überredung.*

Kein Buch ohne Papier! Die Lektorin wählt zusammen mit der Herstellungsabteilung das Papier für die Innenseiten des Buches, den Umschlag und den Einband aus. Entscheidend dabei sind neben dem Preis die Qualität und die Dicke der Seiten bzw. des ganzen Buches. Da es jedoch nicht immer einfach ist, sich das Endergebnis vorzustellen, fordert die Lektorin manchmal ein „Dummy" an – ein Exemplar mit leeren Seiten, das zeigt, wie das endgültige Buch aussehen wird. Schließlich kaufen der Verlag oder die Druckerei bei einem Papierhersteller das Papier. Die Papierqualität und die Anzahl der Exemplare, die gedruckt werden sollen, haben einen großen Einfluss auf das Budget für das Buch und damit auf den Verkaufspreis.

Wenn das Buch fertig gestaltet ist, erhält die Lektorin das erste Seitenlayout, auch Fahne genannt. Änderungen daran bespricht sie manchmal auch mit dem Autor. Gemeinsam prüfen beide, ob noch etwas korrigiert werden muss.
Die letzte Version ist die finale Druckfahne. Wenn Autor und Lektorin sie freigeben, geht das Buch in den Druck.

Die Illustratorin

Die Illustratorin erzählt ihre eigene Version der Geschichte – nur eben nicht mit Worten, sondern mit Bildern. Sie ist genauso Urheberin des Buches wie der Autor, der den Text schreibt. Es gibt ganz unterschiedliche illustrierte Bücher: Comics, Kinder-, Sach- und Bilderbücher, Künstlerbücher und und und. Manchmal stammen Text und Bilder von ein und derselben Person. Manchmal gibt es die Bilder schon vor dem Text, oder beide entstehen gleichzeitig, aber aus der Feder von zwei verschiedenen Personen. Es gibt auch illustrierte Bücher ganz ohne Text. In manchen Büchern erscheinen die Illustrationen als ganze Seite, in anderen lockern sie als kleine Bildchen den Text auf. Kurzum, alle Kombinationen sind möglich!

Tomi Ungerer, der Schöpfer von *Die drei Räuber* und *Zeraldas Riese,* verbrachte als Kind viele Stunden damit, unzählige Illustrationen aus Nachschlagewerken abzuzeichnen. Er wollte lernen, wie man alles bis ins kleinste Detail festhält. Als man ihn als Erwachsenen fragte, welches Buch er auf eine einsame Insel mitnehmen würde, antwortete er: eine Enzyklopädie.

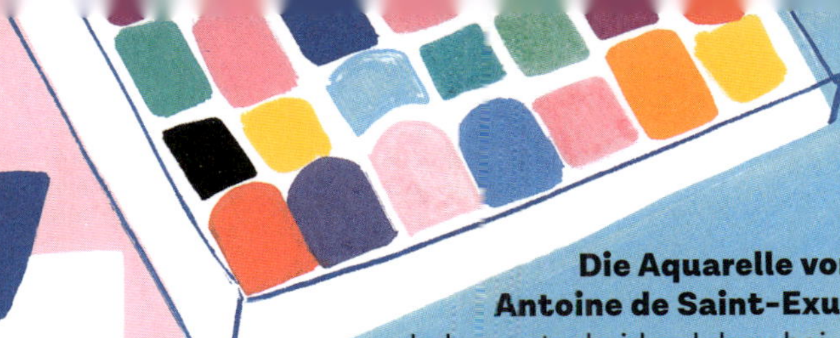

Die Aquarelle von Antoine de Saint-Exupéry haben entscheidend dazu beigetragen, dass sein Buch *Der kleine Prinz* so bekannt wurde. Bei der Technik, die er für die Illustrationen des Prinzen, seiner Rose und seines Planeten verwendete, trägt man mehrere Farbschichten nacheinander auf. Das Bild selbst bleibt aber transparent. Auch nachdem die Farbe einmal getrocknet ist, wird sie wieder verdünnt, wenn sie erneut mit Wasser in Berührung kommt. Die Kunst besteht darin, die Dosierung so zu kontrollieren, dass die vorherige Schicht nicht verschwindet. Gouache hingegen ist eine deckende Wasserfarbe.

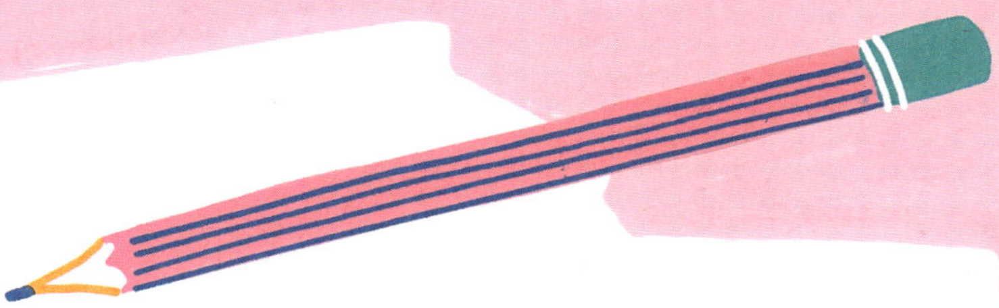

Der Bleistift ist eines der Werkzeuge, die eine Illustratorin am häufigsten verwendet. Mit einem Bleistift kann man ganz fix eine Idee zu Papier bringen. Auch Buntstifte sind für viele Künstler – wie für alle Kinder – ein beliebtes Handwerkszeug. Die belgische Illustratorin Kitty Crowther zum Beispiel nutzt Buntstifte, um ihre Pastellzeichnungen weiter auszuarbeiten.

Bei einem Kupfer- oder Stahlstich wird das Bild mit einem Stichel in eine Metallplatte geritzt. Bestreicht man die Platte mit Farbe, nehmen die eingravierten Linien sie auf, und das Bild kann dann mit einer Presse auf Papier gedruckt werden. Gustave Doré, der unter anderem *Don Quijote* illustrierte, war ein Meister dieser Technik.

Wie viele Zeichner fertigte auch Hergé, der Schöpfer von *Tim und Struppi*, für seine Comics zunächst Bleistiftskizzen an. Er radierte sie immer wieder aus und begann von Neuem, bis er endlich die perfekte Linie hatte. Anschließend pauste er seine Zeichnung mit einem schwarzen Farbstift durch und erhielt so klar definierte Konturen. Diesen Comicstil nennt man *Ligne claire* („klare Linie"). Anschließend ließ Hergé die Zeichnungen von Kollegen kolorieren.

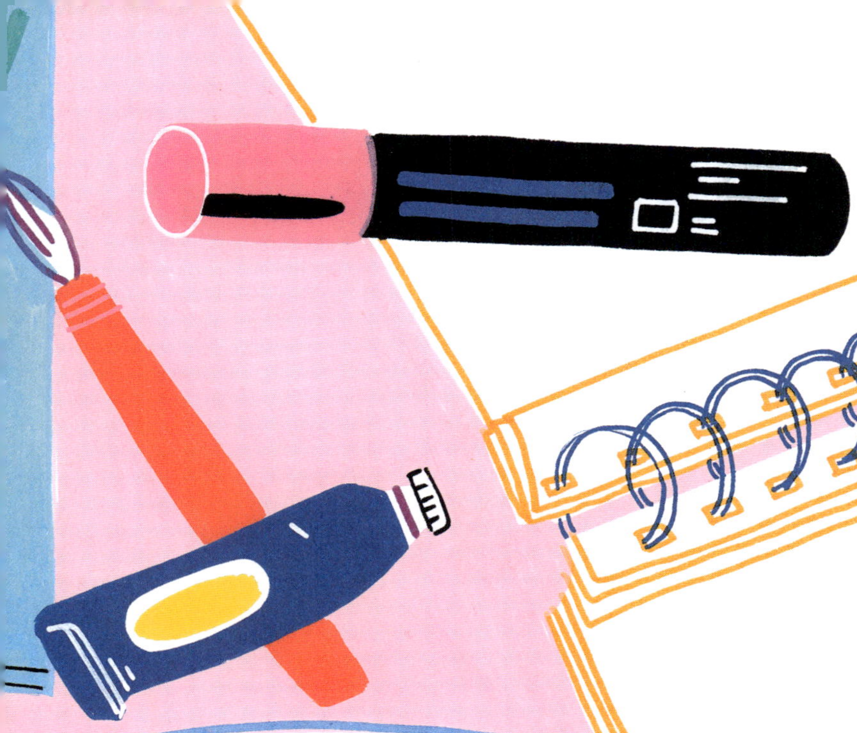

Einige Illustratorinnen kombinieren verschiedene Techniken. Zeichnungen, Malerei und Collagen können zusammengefügt oder sogar abfotografiert und am Computer weiter bearbeitet werden, um besonders originelle Bilder zu schaffen.
Viele Illustratorinnen arbeiten heutzutage ausschließlich am Computer und erschaffen ihre Kunst rein digital.

„Was nützen Bücher ohne Bilder und Gespräche?“, denkt sich Alice zu Beginn ihrer Abenteuer in *Alice im Wunderland*. Man hat sie vielfach beim Wort genommen! Lewis Carrolls Meisterwerk wurde zuerst von John Tenniel illustriert, gefolgt von einer ganzen Reihe Illustratoren, die ihre persönlichen Versionen der Geschichte gezeichnet haben, darunter der spanische Maler Salvador Dalí, die Avantgarde-Künstlerin Yayoi Kusama und das Illustratorenpaar MinaLima (Miraphora Mina und Eduardo Lima). Nicht zuletzt dank ihrer Bilder wurde Alice zu einer der beliebtesten literarischen Figuren überhaupt!

Manche Kinderbuchfiguren werden weltberühmt. Als die finnische Künstlerin Tove Jansson 1945 die Mumins erfand, ahnte sie nicht, dass ihre kleinen rundlichen Trollwesen bald die ganze Welt erobern würden. Es gibt Spiele, Kleidung und Zeichentrickserien mit den Mumins, sogar auf dem Rumpf eines Flugzeugs waren sie schon zu sehen! Heute zeichnet die schwedische Illustratorin Cecilia Heikkilä neue Mumin-Geschichten.

Manchmal kann man eine Geschichte auch ganz ohne Text erzählen. Die Illustrationen selbst werden zur Erzählung. Das ist die Spezialität visionärer Künstler wie Bruno Munari aus Italien oder Katsumi Komagata aus Japan, die mit Formen, Farben, Faltungen oder Ausstanzungen spielen, um ihre Leser zu überraschen und sie anzuregen, das Buch mit den Fingern zu erfühlen. So wird die Lektüre zu einer sinnlichen Erfahrung, die viel Raum für Fantasie lässt.

Der Gestalter

Der Gestalter kümmert sich um das Layout des Buches. Er legt Schriftart, Schriftgröße und Zeilenabstand fest – entscheidend dafür, wie angenehm der Text später zu lesen ist. Als gelernter Grafikdesigner verleiht er dem Layout Rhythmus und Persönlichkeit. Außerdem entwirft er nach den Vorgaben der Lektorin Vorsatz und Einband des Buches. Das Cover, also die Vorderseite des Einbands, sollte möglichst einzigartig sein und im Gedächtnis bleiben! Es verrät auch, was für eine Geschichte wir zu lesen bekommen – einen Krimi, ein Sachbuch oder eine Liebesgeschichte? Die Bilder, die Farben und die Typografie, die der Gestalter dafür auswählt, sollten dem Leser in der Buchhandlung direkt ins Auge springen. Manchmal erkennt man die Romane eines bestimmten Verlags unter Tausenden anderer sofort wieder – dank des Talents eines Gestalters. Wenn der Text im Layout noch einmal korrigiert worden ist, setzt der Gestalter alle notwendigen Änderungen um und bereitet die Dateien für den Druck vor.

Der Satzspiegel oder Schriftspiegel ist die Fläche auf einer Buchseite, die der Textblock einnimmt. Begrenzt wird er von den leeren Rändern auf der Seite, die man Stege nennt.

Die Form und Gestaltung der Buchstaben und ihre Anordnung auf der Seite nennt man Typografie. Im besten Fall macht sie das Lesen zu einem angenehmen visuellen Erlebnis. Die Form der Buchstaben kann die Bedeutung der Wörter verändern: **DICKE SCHWARZE GROßBUCHSTABEN** wirken ganz anders als dünne graue Buchstaben.

Auch das Weiß auf der Seite spielt eine wichtige Rolle. Es umgibt die Überschriften, grenzt Absätze voneinander ab, trennt die Strophen eines Gedichts und rahmt den Textblock ein. Allein durch das Weiß kann ein Layout besonders elegant wirken.

Schriftarten sind oft nach ihren Schöpfern benannt. Claude Garamond zum Beispiel gestaltete eine berühmte Schriftart, die wir heute noch verwenden.

Das erste Satzzeichen überhaupt war der Leerraum zwischen den Wörtern (Spatium): Esfälltunsheuteschwereinentextzuentziffernbeidemallewörterzusammengeschriebensind. Doch die *scriptio continua* (Schrift ohne Worttrennung) wurde in England bis ins 12. Jahrhundert praktiziert. Immerhin halfen manchmal kleine Punkte zwischen den Wörtern.

Die linken Seiten eines Buches haben eine gerade Seitenzahl, die rechten eine ungerade – zumindest in Sprachen, die von links nach rechts gelesen werden. Bei Büchern auf Hebräisch und Arabisch und bei japanischen Mangas ist es andersherum.

Die Initiale ist ein großer, oft besonders dekorativer Buchstabe am Anfang eines Textes. Im Mittelalter benutzten Mönche, wenn sie von Hand religiöse Texte kopierten, aufwendig ausgeschmückte Initialen. Auch heute verwenden wir sie zum Beispiel für den Anfangsbuchstaben eines neuen Kapitels.

Beim sogenannten Flattersatz werden die Zeilen entweder links- oder rechtsbündig gesetzt. Ein guter Flattersatz vermeidet es, Wörter zu trennen. Alle Zeilen sollten unterschiedlich lang sein.

Anders beim Blocksatz: Hier sind alle Zeilen gleich lang. Die Ausrichtung des Textes bestimmt die Form des Textblocks.

Fettdruck wird meistens verwendet, um ein Wort oder einen Satz besonders zu betonen.

***Kursive Buchstaben,** also Buchstaben, die sich nach rechts neigen, verwendet man, um in einem Text z. B. Wörter in einer Fremdsprache hervorzuheben.*

Die rechten Seiten eines Buches haben eine ungerade Seitenzahl. Hier guckt man beim Blättern immer zuerst hin, daher platziert der Gestalter meistens rechts, was er besonders hervorheben möchte, z. B. Abbildungen oder Kapitelanfänge.

Anhand einer Farbmustertafel kann der Gestalter die Farbtöne auswählen, in denen die Schrift erscheinen soll. Die Tabelle zeigt die Farben so, wie sie später im gedruckten Buch aussehen – die Darstellung auf dem Bildschirm wirkt nämlich manchmal etwas anders.

Die Vertreterin

Nur wenige wissen, was eine Vertreterin (genauer: Verlagsvertreterin) tut, dabei spielt sie eine unverzichtbare Rolle. Die Vertreterin ist das Bindeglied zwischen Verlag und Buchhandel. Sie gehört zum Vertriebsteam und besucht Buchhändlerinnen und Buchhändler, um ihnen Bücher vorzustellen, die demnächst erscheinen werden, und ihre Bestellungen anzunehmen. Bei Titeln, die sie selbst noch nicht gelesen hat, verlässt sie sich auf die Empfehlungen der Lektorin. Jede Vertreterin ist für eine bestimmte Region zuständig und dort unermüdlich unterwegs. Sie kennt die Buchhandlungen auf ihrer Route und berät sie je nach Vorlieben der Buchhändler und ihrer Kundschaft. Außerdem bringt sie von ihren Reisen erste Rückmeldungen aus dem Buchhandel mit: Diese Beobachtungen sind von unschätzbarem Wert und führen manchmal sogar noch zu kurzfristigen Änderungen am Preis, am Cover oder am Titel!

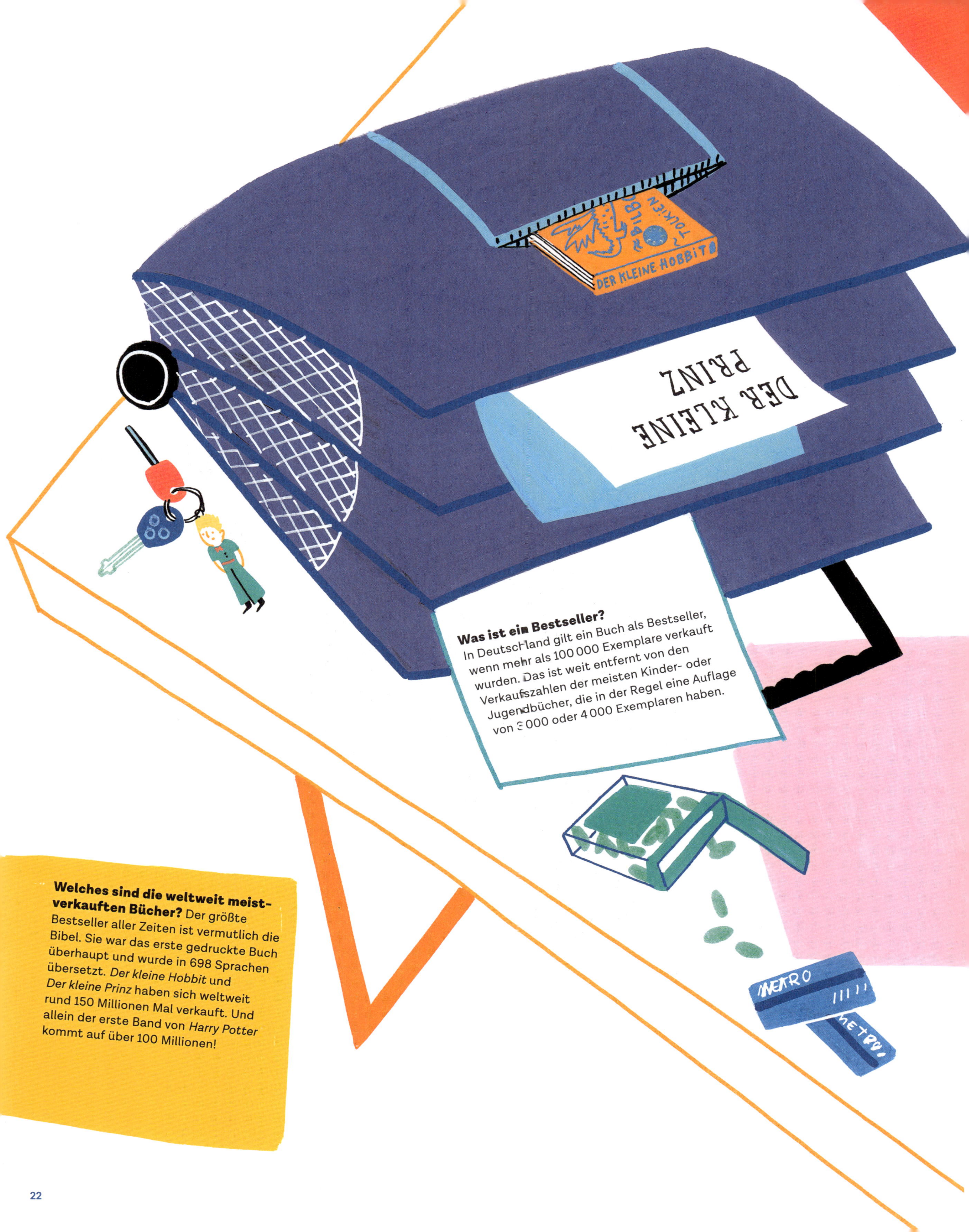

Was ist ein Bestseller?
In Deutschland gilt ein Buch als Bestseller, wenn mehr als 100 000 Exemplare verkauft wurden. Das ist weit entfernt von den Verkaufszahlen der meisten Kinder- oder Jugendbücher, die in der Regel eine Auflage von 3 000 oder 4 000 Exemplaren haben.

Welches sind die weltweit meistverkauften Bücher? Der größte Bestseller aller Zeiten ist vermutlich die Bibel. Sie war das erste gedruckte Buch überhaupt und wurde in 698 Sprachen übersetzt. *Der kleine Hobbit* und *Der kleine Prinz* haben sich weltweit rund 150 Millionen Mal verkauft. Und allein der erste Band von *Harry Potter* kommt auf über 100 Millionen!

Während sich der Vertrieb um die Buchhandlungen kümmert, stellen andere Teams vom Verlag das Buch Film- und Fernsehproduzenten vor, die es vielleicht verfilmen könnten, oder Verlagen im Ausland, die es vielleicht in ihre Sprache übersetzen lassen möchten. Oft bekommt ein Buch ein „zweites Leben“ als Taschenbuch oder als Comic, Theaterstück, Film oder Hörspiel!

Eine gute Vertreterin muss einen Führerschein haben und gerne unterwegs sein. Sie ist oft und lange auf Reisen und besucht eine Buchhandlung nach der anderen, um dort die Neuerscheinungen, die „Novitäten“, eines Verlags zu präsentieren. Zweimal im Jahr (Frühjahr und Herbst) bringt jeder Buchverlag ein neues Programm mit neuen Büchern heraus und stellt diese Bücher in einem Werbeprospekt vor, der „Vorschau“. Mit diesen Vorschauen im Gepäck reist die Vertreterin dann in ihrem Verkaufsgebiet herum.

1950 brachte Rowohlt als erster deutscher Verlag Taschenbücher auf den Markt, unter dem Namen „rororo“, eine Abkürzung für „Rowohlt Rotations Romane“, denn die Bücher wurden im preiswerten Rotationsdruck hergestellt. Die ersten Bücher der Reihe, die mit Hans Falladas Roman *Kleiner Mann – was nun?* startete, kosteten nur 1,50 DM (umgerechnet 0,75 €). Schon nach dem ersten Jahr hatte Rowohlt über eine Million Taschenbücher gedruckt, von denen heute viele als Klassiker der Weltliteratur gelten: Romane von Kurt Tucholsky, Ernest Hemingway, Albert Camus oder Graham Greene.

Wenn das Buch gedruckt ist, werden die fertigen Exemplare in riesigen Depots gelagert. Die Arbeit des Vertriebs ist damit aber noch nicht beendet, denn jetzt werden die Bestellungen der Buchhandlungen entgegengenommen und die bestellten Bücher verschickt.

Die Druckerin

Die Druckerei erhält digitale Dateien vom Verlag und stellt daraus das Buch her. Vor dem Druck führt die Druckerin Tests durch, um zu überprüfen, ob die Farben gut aussehen. Falls dem Verlag diese sogenannten Proofs nicht gefallen, bessert die Druckerin nach. Gedruckt wird auf verschiedenen Arten von Maschinen, z. B. auf Bogendruckmaschinen oder auf Rotationsmaschinen, die schneller sind, da das Papier von einer Rolle kommt. Der Druckvorgang erfolgt in zwei Phasen: Zuerst werden die Druckplatten in mehreren Schritten für den Druck vorbereitet, danach druckt die Maschine die gewünschte Menge Papier. Anschließend wird das bedruckte Papier maschinell auf das gewünschte Format zurechtgeschnitten und gefalzt. Handelt es sich um ein gebundenes Buch, wird der Buchblock anschließend beim Buchbinder zusammengenäht und in den Einband geklebt.

AUGUST

Horizontal oder vertikal? Romane werden generell so gedruckt, dass sie vertikal ausgerichtet sind. Aber bei manchen Büchern wie Bildbänden entscheiden sich viele Verlage für eine horizontale Ausrichtung.

Bücher können überall gedruckt werden. Es gab schon Druckereien auf Schiffen, in Flugzeugen und sogar auf dem Eiffelturm: Während der Weltausstellung 1889 richtete die französische Zeitung *Le Figaro* auf der zweiten Etage des Eiffelturms in 115 Meter Höhe eine Druckerei ein. Dort wurde auf einer 50 m² großen Plattform eine Sonderausgabe der Zeitung für die Besucher gedruckt.

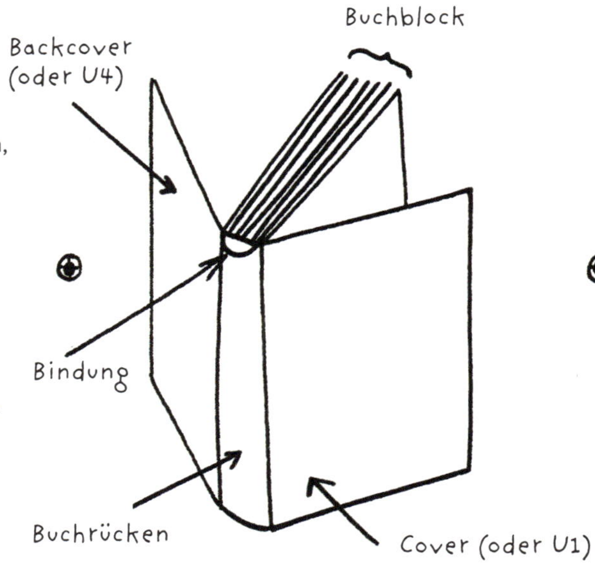

Die Seitenzahl eines fertig gedruckten Buches ist immer durch vier teilbar, denn auf einen einzelnen Druckbogen passen entweder 4, 8, 16 oder 32 Seiten. Nach dem Drucken wird der Bogen so gefalzt und geschnitten, dass die Seiten die richtige Reihenfolge haben.

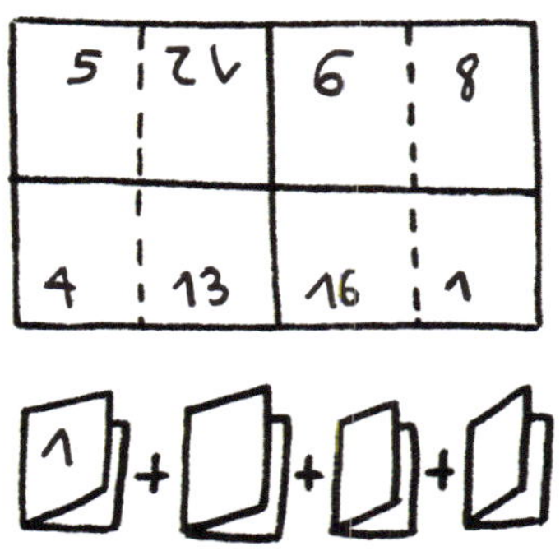

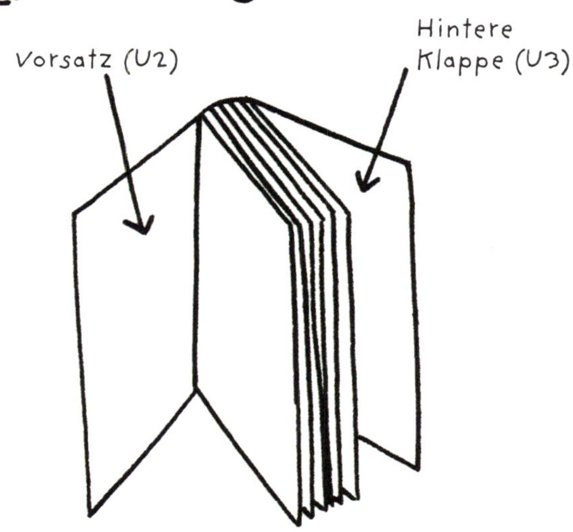

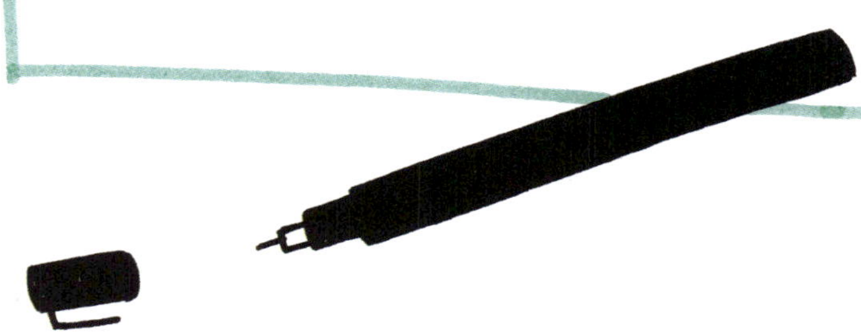

Wenn in Farbe gedruckt wird, läuft der weiße Bogen Papier durch vier unterschiedliche Farbwalzen. Auf jeder dieser Walzen sind gravierte Platten angebracht. Mit der ersten Platte wird alles gedruckt, was blau (cyan) werden soll, mit der zweiten Platte alles, was rot (magenta) werden soll, die dritte druckt Gelb und die vierte Schwarz. Jede Farbe wird in Form mikroskopisch kleiner Punkte gedruckt, ähnlich wie Pixel am Bildschirm. Unser Auge setzt diese vierfarbigen Punkte zur gesamten Farbpalette zusammen.

Wie klimafreundlich ist ein Buch? Manche Verlage lassen ihre Bücher in weit entfernten Ländern wie China oder in Osteuropa drucken, weil dort die Herstellungskosten niedriger sind. Diese Bücher müssen dann aber per Containerschiff und LKW über weite Strecken hierher transportiert werden. Das macht die Buchproduktion leider ziemlich umweltschädlich. Doch es gibt Versuche, gegenzusteuern. Das FSC-Zertifikat zeigt an, dass ein Buch mit Papier aus nachhaltiger Forstwirtschaft gedruckt worden ist, und einige Verlage arbeiten inzwischen bereits komplett klimaneutral.

Manchmal hat ein Autor spezielle Wünsche, wie sein Buch gedruckt werden soll. Alexandre Dumas ordnete an, alle seine Bücher auf farbigem Papier zu drucken – blaues für Romane, gelbes für Gedichte und rosa für Essays und Artikel.

Pop-up

Leporello

BUCHHANDLUNG

Der Buchhändler

Neuerscheinungen, Nachrichten aus der Verlagswelt, aktuelle Preisträger, gesellschaftliche Debatten – je besser ein Buchhändler Bescheid weiß, desto besser kann er seine Kundschaft beraten. Auch wenn er am liebsten den ganzen Tag nur lesen würde: Ein Buchhändler hat alle Hände voll zu tun! Neue Titel in die Regale einräumen und auf den Tischen platzieren, den Bestand prüfen, Verlagsvertreterinnen treffen und Lesungen, Signierstunden oder Workshops für Kinder organisieren. Alles Aufgaben, die für sein Geschäft wichtig sind. Es gibt alle möglichen Buchhandlungen, vom kleinen Quartiersladen in der Nachbarschaft bis zur Filiale einer großen Kette und daneben spezialisierte Geschäfte wie Comicläden oder Fantasy-Buchhandlungen. So verschieden wie die Buchhändler selbst!

Buchhandlungen haben immer eine bestimmte Anzahl Neuerscheinungen da, die vom Verlag besonders beworben werden. Sollte der Buchhändler nicht alle bestellten Bücher verkaufen, kann er sie an den Verlag zurückschicken, wenn sie nicht beschädigt sind.

An der Kasse scannt der Buchhändler den Strichcode des Buches ein. Die Zahlen am unteren Ende des Strichcodes bilden die ISBN (Internationale Standardbuchnummer). Alle Bücher auf der Welt haben eine solche Nummer. Sie beginnt entweder mit 978 oder 979, dann folgen Ziffern, die Herkunftsland und Verlag angeben, dann kommt die Titelnummer des Buches und am Ende eine Prüfziffer.

Die Woche der unabhängigen Buchhandlungen gibt es seit 2015. Jedes Jahr im Herbst zeigen in Deutschland viele Hundert inhabergeführte Buchläden – also Buchhandlungen, die keiner großen Kette angehören –, warum sie unverzichtbar für den Buchmarkt sind. Eine Woche lang gibt es viele tolle Aktionen, Lesungen und Angebote. Ganz bestimmt auch in einer Buchhandlung in deiner Nähe!

Eine Buchhandlung wie die Librairie Acqua Alta kann es nur in Venedig geben: Der chaotisch wirkende Laden direkt am Kanal ist mit über 100 000 Büchern vollgestopft, aber einkaufen kann man hier nur per Boot oder Gondel! In Paris lädt die berühmte englische Buchhandlung Shakespeare and Company seit Jahrzehnten Künstler und Schriftsteller ein, im Laden zwischen den Bücherstapeln zu übernachten. Die Zahl der Besucher, die dort die Nacht verbracht haben, wird auf über 30 000 geschätzt!

Manchmal werden erst nach der Veröffentlichung eines Buches Fehler darin entdeckt. „Errata“ nennt man ein Blatt mit einer Liste von Korrekturen (vom lateinischen Wort errare für „sich irren“). Manchmal bittet der Verlag den Buchhändler, ein solches Blatt den Büchern beizulegen, die er schon im Laden hat.

Was geschieht mit Büchern, die nicht verkauft werden? Die darf die Buchhandlung an den Verlag zurückschicken und erhält dann ihr Geld zurück, das nennt man Remission. Wenn der Verlag die Bücher auch anderswo nicht mehr verkaufen kann, werden sie vernichtet, das heißt dann Makulatur. Aus den Restbeständen wird Altpapier, auf dem dann wieder neue Bücher gedruckt werden können.

In Deutschland gilt die sogenannte Buchpreisbindung. Das heißt, dass der Verlag einen Verkaufspreis für ein Buch festlegt, der dann überall gilt. Deshalb kostet ein Buch bei einer großen Kette oder im Internet genauso viel wie in einem kleinen Buchladen. Das verhindert, dass große Konzerne mit Rabatten kleine Buchhandlungen ausstechen – und das sorgt dafür, dass es mehr kleine, unabhängige, bunte Buchläden und Bücher gibt. So profitieren alle von diesem System!

Natürlich kann man Bücher nicht nur in Buchhandlungen kaufen, sondern auch in Supermärkten, Museumsshops, Kulturstätten und an vielen anderen Orten mehr. Auch online werden immer mehr Bücher verkauft. Aber die sorgfältige Auswahl von Büchern in der Buchhandlung, die Beratung durch den Buchhändler, seine persönlichen Empfehlungen – all das gibt es im Internet nicht! Um die Entstehung von Büchern zu unterstützen und alle, die damit zu tun haben, solltest du Bücher unbedingt in der Buchhandlung kaufen.

Die älteste Buchhandlung der Welt befindet sich in Lissabon in Portugal: Livraria Bertrand wurde 1732 gegründet und ist bis heute geöffnet!

PRESSE-CAFÉ
Gericht des Tages:
SAUERKRAUT-PLATTE

Die Literaturkritikerin

Die Literaturkritikerin arbeitet fürs Radio, fürs Fernsehen oder für die Zeitung, manchmal alle drei Medien. In den Redaktionen treffen fast täglich neue Bücher ein, oft noch vor ihrer Veröffentlichung. Die Kritikerin muss also viel lesen und sich schnell eine Meinung bilden über die Bücher, die demnächst erscheinen werden. Dann gilt es, ein fundiertes Urteil zu formulieren und dabei die Stärken und Schwächen der Bücher herauszustellen. Die Kritikerin ist auch eine Art Autorin, denn sie muss so gut schreiben können, dass ihr Text das Interesse der Leser weckt und ihnen Lust macht, selbst in das Buch einzutauchen, über das sie schreibt. Erstaunlicherweise können aber auch schlechte Rezensionen hilfreich sein – Hauptsache, man spricht über das Buch!

FEUILLETON
Literatur

BITTE WENDEN SIE SICH AN DIE PRESSEABTEILUNG

Die Literaturkritikerin arbeitet eng mit den Presseabteilungen der Verlage zusammen. Die Pressemitarbeiter informieren Journalisten über Neuerscheinungen, vermitteln Interviews mit den Autoren, während die mit ihren Büchern auf Lesereise sind, versenden Pressemappen, organisieren Promo-Touren und Werbeveranstaltungen. Dabei sind sie ständig nicht nur mit Journalisten und Bloggerinnen in Kontakt, sondern auch mit den Autorinnen und Autoren des Verlags.

BUCHBLOGGER UND INFLUENCER WERDEN VON DEN VERLAGEN HEUTE GENAUSO UMWORBEN WIE LITERATURKRITIKERINNEN.

Die Verlage wissen, wie wichtig es ist, dass auch Bookstagrammer und BookToker über ihre Bücher berichten. Für einflussreiche Online-Kritikerinnen und -Kritiker veranstalten sie eigene Events, um ihnen die Autoren und ihre neuesten Veröffentlichungen vorzustellen.

MANCHMAL DRUCKT DER VERLAG VORABEXEMPLARE FÜR JOURNALISTEN von besonders wichtigen Titeln, damit diese das Buch möglichst früh vor seinem Erscheinen lesen und rezensieren können. Vorn steht darin „unverkäufliches Lese-Exemplar“ und eine Sperrfrist: Vor diesem Datum darf noch keine Kritik gedruckt oder gesendet werden.

WANN SOLL EIN BUCH ERSCHEINEN?

Der Verlag wählt das Erscheinungsdatum eines Buches nie zufällig aus. Die Weihnachtszeit ist die beste Zeit für hochwertige Bildbände, Kinderbücher und alle Bücher, die man gerne verschenkt. Ab Ende August berichtet die Presse besonders gern über neue Romane, denn der Herbst ist die Zeit der Literaturpreise und der Frankfurter Buchmesse.

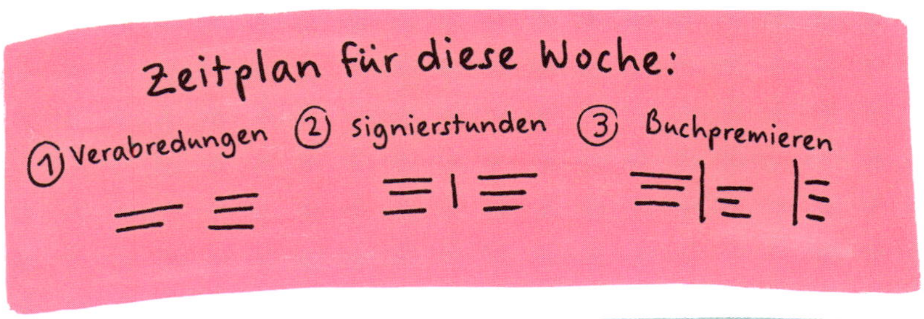

UNGEWÖHNLICHER NACHRUF

Als die Autorin Agatha Christie beschloss, dass ihr berühmter Detektiv Hercule Poirot abtreten sollte, erschütterte sein literarischer Tod die ganze Welt. Am 6. August 1975 veröffentlichte die *New York Times* einen Nachruf mit der Überschrift: „Hercule Poirot ist tot". Es war das erste Mal, dass eine Zeitung einen Nachruf auf eine Romanfigur druckte.

Preiswürdig!
Der Deutsche Buchpreis, der Deutsche Jugendliteraturpreis, der Deutsche Sachbuchpreis, der Österreichische Buchpreis, der Preis der Leipziger Buchmesse – es gibt im deutschsprachigen Raum viele verschiedene Auszeichnungen für Bücher, auch für spezielle Genres wie den Friedrich-Glauser-Preis für Krimis oder den Deutschen Fantasy Preis. Hat ein Buch eine renommierte Auszeichnung gewonnen, bewirbt der Verlag sie oft mit einem extra Aufkleber auf dem Umschlag.

Kinder- und Jugendbücher

Der Bibliothekar

Der Bibliothekar ist wie der Buchhändler ein Bindeglied zwischen Buch und Lesern. Er ordnet die Bücher in der Bibliothek und organisiert die Ausleihe. Der Großteil seiner Arbeit findet jedoch im Büro statt, weit weg von den Bücherregalen! Oft ist ein Bibliothekar für eine bestimmte Abteilung zuständig. Er pflegt den Bestand und entscheidet, welche neuen Bücher, Hörbücher, Zeitschriften, DVDs oder Noten die Bibliothek anschafft. Dabei berücksichtigt er die Wünsche der Leserinnen und Leser, aber auch das verfügbare Budget. Öffentliche Bibliotheken sind sehr wertvolle Orte: Man kann sie kostenlos besuchen, Vorträge oder Lesungen erleben und mit einer ganzen Tasche voller Neuentdeckungen nach Hause gehen!

Computer
WLAN
DVDs
Kunst
Ausstellung
Lese-Ecke
Romane
Sachbücher

In Deutschland gibt es sehr viele öffentliche und wissenschaftliche Bibliotheken – rund 9 000 Stück! Öffentliche Bibliotheken nennt man auch Büchereien oder Bücherhallen. Etwa 300 Millionen Ausleihen und über 50 Millionen Besucher zählen deutsche Bibliotheken jährlich.

Für den freien Zugang zu Kultur spielen Bibliotheken auf der ganzen Welt eine wichtige Rolle. Im Nkayi-Bezirk in Simbabwe gibt es Bibliotheken auf Eseln, die abgelegene Dörfer besuchen. Das Konzept ist sehr erfolgreich: Ein großer Teil der Bevölkerung der Region hat mithilfe dieser mobilen Bibliotheken Lesen gelernt.

Wie begeistert man junge Menschen für einen Bibliotheksbesuch? Ausstellungen, Filmvorführungen, Videospiele zum Ausleihen, Leseclubs … Viele Bibliotheken lassen sich etwas einfallen, um junge Besucher anzulocken, ob sie nun speziell wegen der Bücher kommen oder nicht. In der berühmten Biblo Tøyen in Oslo in Norwegen haben kleine Kinder und Erwachsene keinen Zutritt – die Jugendbibliothek ist ausschließlich für 10- bis 15-Jährige! Die Bücher werden von den Teenagern selbst nach Themen geordnet, wobei Belletristik und Sachbücher munter vermischt werden.

Bibliotheken haben einen festen Bestand, aber es kommen immer wieder neue Bücher hinzu und andere werden aussortiert. Einmal im Jahr werden beschädigte oder veraltete Bücher aus den Regalen genommen, um Platz für neue Titel zu schaffen. Oft wird mit den aussortierten Büchern ein Bücherflohmarkt veranstaltet.

Bibliotheken passen sich ihrer Umgebung und den Bedürfnissen ihrer Besucher an, ob in der Innenstadt oder auf dem Dorf. In Schweden gibt es Bootsbibliotheken, die Bücher auf die entlegensten Inseln bringen. In Haiti fuhren Busse namens Bibliotaptaps in Gebiete, wo Erdbeben die Bibliotheken zerstört und viele Menschen obdachlos gemacht hatten.

Bibliotheken gibt es an ganz unterschiedlichen Orten: in Kindergärten, Schulen, Krankenhäusern oder Gefängnissen. In Brasilien kann man sogar im Taxi Bücher ausleihen: In São Paulo können Fahrgäste den Bibliotaxi-Service nutzen und Bücher aus einer Tasche hinter dem Fahrersitz mit nach Hause nehmen, um sie später in einem beliebigen anderen Taxi zurückzugeben, das an dem Programm teilnimmt.

In vielen Büchereien kann man auch eBooks ausleihen, aber komplett digitale Bibliotheken sind noch selten. BiblioTech in San Antonio, Texas, war die erste Bibliothek in den USA, in der man nur digitale Inhalte ausleihen konnte. Solche digitalen Angebote testet man inzwischen auch in Flughäfen, z. B. in Philadelphia oder Amsterdam.

Jedes Buch in der Bibliothek hat eine „Adresse“, einen bestimmten Code aus Buchstaben und Zahlen, der sich meistens auf einem Aufkleber unten auf dem Buchrücken befindet. Anhand dieser Signatur kann man feststellen, in welchem Regal in welcher Abteilung der Bibliothek man das Buch finden kann, wenn man es im Katalog nachgeschlagen hat.

Der Frühling ist da!

Die Leserinnen und Leser

Ob jung oder alt, Büroangestellte oder Studierende, Eltern oder Kinder – es gibt so viele Arten von Leserinnen und Lesern auf der Welt, wie es Bücher gibt. Und genauso viele Arten zu lesen! Ganz egal, ob du dabei sitzt oder liegst, auf dem Bauch oder auf dem Rücken, Lesen ist immer auch eine körperliche Aktivität. Nimm ein Buch in die Hand, schlage es auf und schließe es wieder – schon hast du mehrere Muskelgruppen bewegt! Schon Kleinkinder fassen gerne Bücher an, blättern darin herum, schauen sich die Bilder an oder hören den Geschichten zu, wenn ihnen jemand vorliest. So fängt das Leben als Leser an … Die einen kritzeln in ihre Lieblingsbücher hinein und machen sich Eselsohren, die anderen behandeln sie so sorgfältig, dass sie auch nach Jahren noch nagelneu aussehen. Lesen bedeutet auf Reisen zu gehen, reale oder ausgedachte Personen zu treffen und Abenteuer zu erleben, ohne auch nur vom Sessel aufstehen zu müssen. Es leben die Bücher!

Ein Buch kann das Leben seiner Leser verändern und sogar dafür sorgen, dass Gesetze geändert werden! Der Roman *Der Sumpf* von Upton Sinclair, der 1906 in den USA veröffentlicht wurde, erzählt von einem litauischen Einwanderer, der seine Stelle in einem Schlachthof in Chicago verliert. Die Beschreibung der hygienischen Missstände dort löste einen Skandal aus und veranlasste US-Präsident Theodore Roosevelt, neue gesetzliche Vorgaben für die Fleischindustrie einzuführen.

Manchmal ist es auch ein Leser, der das Leben eines Autors verändert. Der Comic-Autor Riad Sattouf hörte nach einer Begegnung mit einem seiner Leser – einem Lungenspezialisten – mit dem Rauchen auf. Eine Gerichtsmedizinerin wies den Krimiautor Pierre Lemaitre auf Fehler bei der Schilderung von Tatorten in seinen Krimis hin. Sie wurde zur Sonderberaterin für die Morde in seinen späteren Büchern!

Wenn du traurig bist, dass ein Buch zu Ende ist und du sein literarisches Universum verlassen musst, schreib doch einfach selbst Geschichten, die dort spielen! Fan-Fiction heißen solche Texte, die vor allem im Internet verbreitet werden. Manche Fans erfinden neue Abenteuer für ihre Helden, andere denken sich alternative Versionen der Ereignisse aus. Manche Autoren unterstützen Fan-Fiction, andere, wie George R. R. Martin, der Autor von *Das Lied von Eis und Feuer* (die Grundlage der Fernsehserie *Game of Thrones*), sind strikt dagegen.

Wenn doch nur die Figuren aus den Büchern in unserer Welt existieren könnten ... Aber vielleicht tun sie das ja? Seit 100 Jahren gibt es Leser, die sich ausmalen, die Abenteuer von Sherlock Holmes und Dr. Watson wären wirklich passiert. Sie überlegen anhand der Geschichten von Arthur Conan Doyle, wie Holmes' „wahres" Leben aussah. Die Holmesologen versuchen auch, Erklärungen für Widersprüche zu finden, die in den Abenteuern des Detektivs auftreten: Warum nennt Dr. Watsons Frau ihn in einem Abenteuer James, obwohl er eigentlich John heißt?!

Wie findet man ein bestimmtes Buch im Regal wieder? Dazu muss man auf den Buchrücken schauen, den einzig sichtbaren Teil. In Deutschland oder Frankreich muss man beim Lesen des Titels auf dem Buchrücken den Kopf nach links neigen. In englischsprachigen Ländern ist es umgekehrt!

Lesen macht nicht nur schlauer, sondern auch netter! Eine Studie der Kingston University in London hat gezeigt, dass Menschen, die viel lesen, einfühlsamer sind und eher dazu neigen, die Dinge aus der Perspektive anderer Menschen zu sehen.

Erstaunlicherweise sind die bei Sammlern begehrtesten Bücher oft solche mit Fehlern. Ausgaben, die Fehldrucke enthalten, sind meist nie wieder nachgedruckt worden. Sie sind sehr selten und deshalb so begehrt!

Der Besitzer des teuersten Buches der Welt ist der Unternehmer Bill Gates. Es handelt sich um den *Codex Leicester*, ein Manuskript mit 72 Seiten, das von Leonardo da Vinci in Spiegelschrift geschrieben wurde. Es stammt aus dem Jahr 1500, und man braucht einen Spiegel, um es zu lesen. Bill Gates kaufte das Manuskript 1994 für 30,8 Millionen US-Dollar, das wären heute umgerechnet 59 Millionen Euro.

Wir lesen nicht alle mit den Augen. Für Hörbücher nutzen wir unsere Ohren, und blinde Menschen können sogar mit den Händen lesen: Die Brailleschrift wurde 1829 von Louis Braille erfunden und verwendet kleine erhabene Punkte, die als Buchstaben ertastet werden können. Manche Werke kombinieren gedruckte und digitale Medien, sodass das Leseerlebnis auf Papier auf dem Bildschirm erweitert wird – durch Animationen, Musik oder Augmented Reality.

Ein Buch kann tausend Leben haben! In vielen Städten gibt es öffentliche Bücherschränke. Dort kannst du deine gelesenen Bücher hineinstellen, damit andere sie entdecken und dann wieder weitergeben können. Solche Bücherschränke findet man am Straßenrand, in Parks und manchmal auch an ganz seltsamen Orten wie in ausgemusterten Telefonzellen und sogar in alten Kühlschränken!

INDEX

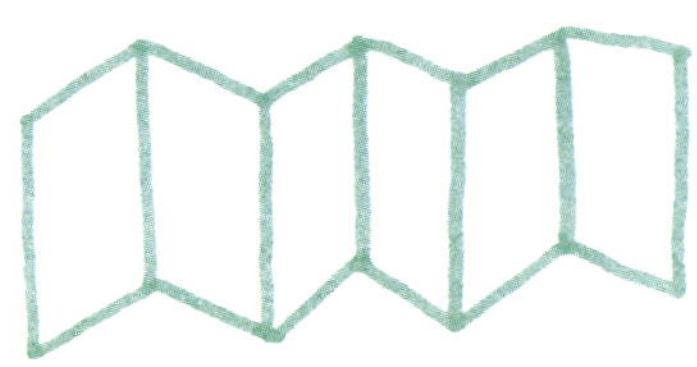

Titel der Originalausgabe: *La grande aventure du livre*
Vermittelt durch The Picture Book Agency, France
für den Text: Stéphanie Vernet, 2022
für die Illustrationen: Camille de Cussac, 2022

ein Unternehmen der Penguin Random House
Verlagsgruppe GmbH
Neumarkter Straße 28 · 81673 München

Übersetzt von Cornelius Hartz

Projektmanagement: Constanze Holler
Lektorat: Katharina Knüppel
Herstellung und Satz: Susanne Hermann
Lithografie: Reproline Mediateam, Unterhaching
Druck und Bindung: L.E.G.O., Vicenza
Papier: Magno Natural

Wir produzieren klimaneutral
ClimatePartner.com/14044-1912-1001
Druckprodukt

Bei diesem Buch wurden die durch das verwendete Material und die Produktion entstandenen CO_2-Emissionen ausgeglichen, indem der Prestel Verlag ein Projekt zur Aufforstung in Brasilien unterstützt. Weitere Informationen zu dem Projekt unter: www.ClimatePartner.com/14044-1912-1001

MIX
Papier | Fördert gute Waldnutzung
FSC® C023419
FSC www.fsc.org

Penguin Random House Verlagsgruppe FSC® N001967

Printed in Italy
ISBN 978-3-7913-7548-9
www.prestel-junior.de